THÉODORE-NICOLAS

GOBLEY

PARIS

IMPRIMERIE DE ÉMILE MARTINET

2, RUE MIGNON, 2

1876

THÉODORE-NICOLAS

GOBLEY

THÉODORE-NICOLAS GOBLEY

LICENCIÉ ÈS SCIENCES

PROFESSEUR A L'ÉCOLE DE PHARMACIE

MEMBRE ET TRÉSORIER DE L'ACADÉMIE DE MÉDECINE

MEMBRE DU CONSEIL D'HYGIÈNE PUBLIQUE ET DE SALUBRITÉ DU DÉPARTEMENT

DE LA SEINE

SECRÉTAIRE DE LA COMMISSION D'HYGIÈNE PUBLIQUE ET DE SALUBRITÉ

DU VII° ARRONDISSEMENT

MEMBRE DE LA COMMISSION DES LOGEMENTS INSALUBRES DE LA VILLE DE PARIS

DE LA SOCIÉTÉ DE PHARMACIE

DU CONSEIL DE LA SOCIÉTÉ D'ENCOURAGEMENT POUR L'INDUSTRIE NATIONALE

(COMITÉ DES ARTS CHIMIQUES)

OFFICIER DE LA LÉGION D'HONNEUR, ETC., ETC.

11 MAI 1811 — 1er SEPTEMBRE 1876

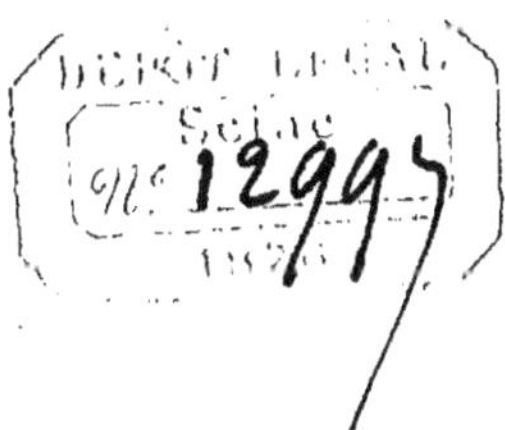

PARIS

G. MASSON, ÉDITEUR

LIBRAIRE DE L'ACADÉMIE DE MÉDECINE

PLACE DE L'ÉCOLE-DE-MÉDECINE

1876

Le mardi, 5 septembre 1876, une nombreuse affluence de notabilités scientifiques et d'amis se pressait dans l'église Saint-Thomas d'Aquin pour rendre les derniers honneurs à M. Théodore-Nicolas Gobley, mort à Bagnères-de-Luchon, le 1er septembre.

L'Académie de médecine, dont M. Gobley était membre, s'était fait représenter par son vice-président, M. Bouley, par son secrétaire annuel, M. Roger, et par une députation à laquelle s'étaient joints de nombreux académiciens. Le Conseil d'hygiène publique et de salubrité du département de la Seine, la Commission des logements insalubres, la Société de pharmacie, étaient venus apporter à leur confrère l'hommage de leur estime et de leurs regrets.

Ces regrets furent exprimés, sur la tombe de M. Gobley, par M. le docteur Delpech, pour l'Académie de médecine; par M. le docteur E.-R. Perrin, pour la Commission des logements insalubres; par M. Blondeau, pour la Société de pharmacie, dans les discours suivants :

DISCOURS DE M. LE DOCTEUR DELPECH

Au nom de l'Académie de médecine.

Messieurs, une voix plus autorisée que la mienne devait, au nom de l'Académie de médecine, adresser, sur le bord de cette tombe, un dernier hommage et un suprême adieu ι côllègue éminent que nous pleurons. Appelé à l'instant même à remplir cette mission difficile et imprévue, pardonnez-moi si mon insuffisance et mon émotion ne rendent pas cet hommage digne de lui et de nos regrets.

Un membre de l'Académie plus expert dans les recherches de la chimie analytique vous eût plus complétement exposé les travaux de M. Gobley, il eût mieux mis en lumière leur valeur; pour moi, qui fus son ami et le compagnon de sa vie, sans laisser de côté cette part si importante de lui-même, je m'efforcerai surtout de faire revivre à vos yeux l'homme droit, honnête, laborieux, plein de conscience et d'énergie pour le bien, que j'ai suivi pas à pas dans sa carrière.

Il y a quelques jours à peine, il était au milieu de nous, et son image est encore présente à votre souvenir. D'un abord réservé quoique doux et bienveillant, il semblait d'une santé délicate et presque faible; mais sous cette frêle enveloppe vivait une âme fortement trempée, douée d'une volonté persistante et tenace, animée d'une ardeur constante pour le travail, toujours poussée en avant par le sentiment du devoir.

Toute la vie de M. Gobley reflète ces rares qualités morales. Livré bien jeune encore à la pratique de l'art pharmaceutique, il veut élargir son horizon et ajouter au travail de chaque jour des heures consacrées uniquement à la science. Suivant la trace d'illustres prédécesseurs qui ont trouvé dans les études du laboratoire de la pharmacie une initiation à des études plus hautes dans lesquelles ils ont conquis la gloire, entraîné par l'exemple de Robiquet dont il avait été l'élève et qui l'avait choisi pour gendre, il entre de plain-pied dans les recherches les plus difficiles de la chimie organique.

A partir de ce moment, Gobley ne s'est plus arrêté. Travaillant avec suite, avec calme, avec méthode, il a produit un grand nombre de mémoires originaux, de notes, de rapports, de revues, d'articles de dictionnaire. Beaucoup de ses œuvres sont

restées enfermées dans les archives des compagnies pour lesquelles elles avaient été écrites. Celles qui ont été publiées
pendant une période qui s'étend de 1843 à 1875 sont très-nom-
breuses encore. Les mémoires qui en forment la majeure partie
sont en général courts, substantiels; ils résument nettement,
sans phrases inutiles, des recherches souvent longues et pa-
tientes; on y sent le travail du savant uniquement préoccupé
du but qu'il veut atteindre et qui y marche sûrement sans se
laisser distraire par des points de vue de second ordre. Parfois
une considération générale, née des entrailles mêmes du sujet,
montre que cet esprit si préoccupé des détails de l'analyse
savait les comprendre et les classer dans le cadre d'une large
synthèse.

Il me serait impossible d'indiquer même les titres de ces travaux dont toute une longue série appartient d'ailleurs à la pharmacie pure. Je vous rappellerai seulement, messieurs, l'étude
des principes immédiats du Faham, de la Vanille, de la Turquette, du Kawa; un important mémoire sur la présence de
l'arsenic dans les eaux minérales, en collaboration avec M. le
professeur Chevallier qui fut pour Gobley un ami de toute la
vie; les recherches physiologiques sur l'urée, avec notre savant
collègue M. Poggiale; des recherches chimiques sur les
champignons vénéneux, dont la première partie seule a été
publiée.

Mais je dois insister plus particulièrement sur tout un groupe
de publications qui présentent au point de vue de la chimie
physiologique une grande importance. Ce sont celles qui ont
trait à la composition chimique de l'œuf des oiseaux et des
poissons, de la laitance de carpe, des matières grasses du sang
veineux de l'homme, de celles de la bile et du cerveau.

Les études chimiques sur le cerveau de l'homme doivent
être placées au premier rang.

Déjà d'habiles observateurs, et en dernier lieu l'un des chimistes les plus éminents de notre époque, avaient analysé la matière grasse cérébrale. Entré à leur suite dans cette étude, Gobley modifia profondément les opinions admises jusqu'à lui. Les résultats auxquels il parvint font aujourd'hui autorité dans la science, et ils sont adoptés et professés par les juges les plus compétents.

Un fait capital résulte de l'examen des mémoires que je viens d'énumérer. C'est que, dans les différents points des organismes variés où elle se rencontre, la matière grasse phosphorée affecte une composition identique, soit qu'on la recherche dans les œufs, dans la laitance, dans le sang veineux ou dans le cerveau, et cette loi féconde en déductions physiologiques est un des plus beaux titres scientifiques de Gobley.

Ce qui caractérise d'ailleurs tous ces travaux, c'est le soin scrupuleux avec lequel ils ont été faits. Plein de respect pour lui-même et pour la science, il ne s'exposait jamais à annoncer un résultat contestable. Il n'a jamais rien affirmé qu'il ne l'eût vu et revu à plusieurs reprises. Aussi ses opinions garderont-elles pour l'avenir une légitime autorité.

Cette conscience qu'il mettait dans ses recherches, Gobley l'apportait dans tous les actes de sa vie. Professeur agrégé à l'École de pharmacie, membre de l'Académie de médecine, de la Société de pharmacie, du conseil d'hygiène publique et de salubrité, de la commission des logements insalubres, il remplissait avec une rigoureuse exactitude les obligations multipliées que ces positions diverses lui imposaient. Il ne les avait pas recherchées pour s'en faire de vains titres. S'il avait tenu à honneur de les obtenir du suffrage de ses devanciers et de ses émules, il les honorait à son tour par le zèle et le talent avec lesquels il en remplissait les devoirs.

Chargé, comme trésorier et comme membre du conseil, des intérêts de l'Académie de médecine, il les gérait avec cette sa-

gesse et cette régularité qui le distinguaient en toutes choses;
il en avait fait son œuvre personnelle, et il les entourait d'une
sollicitude de tous les instants.

D'ailleurs il se montrait le même dans toutes les compagnies
auxquelles il appartenait. Toujours présent à sa place dès l'ou-
verture des séances et ne la quittant que lorsqu'elles étaient
terminées, ne faisant jamais attendre un rapport, s'intéressant
à toutes les questions, il apportait dans la discussion cette net-
teté judicieuse, ce bon sens éclairé et fin, ce calme de bon
goût, qui étaient dans sa nature.

Tel il se montrait dans ses fonctions publiques, tel il était
dans sa famille et dans sa vie intime.

Dévoué à ses amis, bienveillant sans banalité, modéré sans
faiblesse, il manifestait son affection et son dévouement plus
par ses actions que par ses paroles. On trouvait auprès de lui
l'appréciation juste des circonstances difficiles et un conseil
sûr pour les traverser.

Partagé entre tant d'occupations diverses, il savait cependant
leur dérober un temps précieux qu'il consacrait au soulage-
ment de la misère.

Charitable sans ostentation et sans bruit, il fut pendant de
longues années administrateur, puis vice-président de l'un des
bureaux de bienfaisance de Paris.

Tendrement attaché à sa famille, à son intérieur où il vivait
avec la simplicité d'un sage, il avait assuré par des choix réflé-
chis le bonheur de ses enfants, et il semblait qu'il eût préparé
pour un long avenir, qui cependant devait bientôt lui manquer,
la certitude de cette félicité sereine qui était l'appétit même de
son esprit et de son cœur.

Mais que sont les prévisions humaines, et qui de nous peut
se flatter d'avoir, à force de sagesse, conjuré le malheur toujours prêt à nous atteindre!

Avant même qu'il eût quitté la vie, une catastrophe épouvantable, et qu'il n'a pas connue (1), venait changer en deuil les joies si douces et si pures qui rayonnaient autour de lui.

La Providence, dont les voies sont cachées et qui le rappelait à elle, lui a du moins fait trouver dans la mort un refuge contre la douleur terrible que sa veuve désolée, frappée à la fois dans sa tendresse d'épouse et de mère, porte péniblement accablée sous le poids d'une double infortune.

Telle fut, messieurs, la vie laborieuse et utile de M. Gobley, telles furent ses vertus fortes et paisibles auxquelles j'aurais voulu donner un relief que vos souvenirs et vos regrets eussent exigé de moi, et que je me sens incapable de mettre à la hauteur de vos sentiments et des miens. Mais il était du moins nécessaire de présenter comme un exemple, au nom de l'Académie de médecine, à ceux qui entrent dans la carrière scientifique, cette existence si pleine et si digne de l'un de ses membres le plus hautement estimés. Qu'ils admirent cette lutte de l'intelligence et de la volonté contre une nature physique qui semblait ne pas devoir supporter un travail si multiple et si assidu. Qu'ils apprennent, en voyant les regrets et la reconnaissance qui entourent la tombe d'un honnête homme, que ce n'est pas seulement au milieu du bruit et des agitations fiévreuses que se conquiert l'estime du monde et qu'il sait en réserver une large part pour le talent modeste, pour les services rendus, pour l'élévation de l'esprit et pour la droiture du cœur.

(1) Pendant que M. Gobley était malade à Bagnères-de-Luchon, son gendre, M. Achille Duval, qui était accouru près de lui, tomba dans le torrent du Lys, et fut entraîné dans le gouffre de Bonneou, où il périt.

DISCOURS DE M. LE DOCTEUR E.-R. PERRIN

Au nom de la Commission des logements insalubres.

Messieurs, comme secrétaire de la Commission des logements insalubres, et en l'absence de son président, je viens, au nom de cette Commission, déposer au bord de cette tombe encore entr'ouverte, l'expression vive et vraie des regrets qu'inspire à tous ceux qui l'ont connu, la mort de M. Gobley, cet homme de bien par excellence, qu'entouraient si justement l'estime et la considération universelles.

D'autres, plus autorisés que nous, viennent de vous dire, ou vous diront ailleurs, ce qu'a été M. Gobley comme savant, comme professeur, comme académicien, ou encore comme membre du Conseil d'hygiène publique et de salubrité. Pour nous, nous nous bornerons à rappeler ici ses travaux plus modestes, mais non moins utiles, dans la Commission des logements insalubres, dont il faisait partie depuis l'origine, c'est-à-dire depuis vingt-cinq ans. Personne plus que lui ne portait à un plus haut degré le sentiment du devoir accompli ou à accomplir ; nul n'était plus exact à assister aux longues séances hebdomadaires de la Commission. Aussi ses avis étaient-ils presque toujours pris en sérieuse considération, tant son expérience était devenue grande et précieuse pour les meilleures solutions à donner aux questions de salubrité, souvent aussi variées qu'imprévues, qu'il s'agissait de résoudre. Sa modestie, d'autre part, n'avait d'égal que son réel mérite. Quant à sa personne, si son abord était un peu froid, son accueil n'en était pas moins marqué au fond par une extrême bienveillance et une exquise politesse. Aussi est-il mort, comme il avait vécu, en paix avec les hommes et avec Dieu, laissant à sa famille en pleurs, à sa famille si cruellement accablée, coup sur coup, un nom aimé et respecté, et à tous, l'exemple d'une existence bien remplie, utile et sans reproche, ayant ainsi réalisé en lui, par la pratique de toutes les vertus d'ici-bas, le type si enviable de l'homme juste et droit, uniquement préoccupé de cette maxime, si profondément humaine, qui a été celle de toute sa vie : Fais bien, et réjouis-toi. *Fac bene ac lætare.*

Adieu, cher et bien-aimé, cher et vénéré collègue, adieu !

DISCOURS DE M. BLONDEAU

Membre de la Société de pharmacie.

Messieurs, une convocation tardive a empêché la Société de pharmacie de se faire représenter officiellement pour apporter le tribut de ses regrets sur la tombe de l'un de ses membres le plus hautement estimés.

Interprète des sentiments de tous mes collègues, je voudrais dominer la vive émotion que je ressens, et suffisamment exprimer en leur nom et au mien la douleur que nous fait éprouver la perte de notre éminent confrère.

Je ne saurais rien ajouter aux paroles si bien dites que vous venez d'entendre. Dans notre Compagnie comme dans toutes celles auxquelles il appartenait, M. Gobley montrait les qualités les plus précieuses, et il laisse parmi nous un vide qui sera difficilement rempli. L'élévation de son caractère, la modération et la sagesse de son esprit, son zèle infatigable pour nos intérêts scientifiques et professionnels faisaient de lui l'un des membres les plus écoutés et les plus utiles de la Société, en même temps que sa bienveillance et l'agrément de ses relations lui conciliaient toutes les sympathies. Nous sentons vivement l'étendue de la perte que nous faisons par sa mort, et il nous eût été cruel de ne point le manifester au moment de cette dernière et si pénible séparation.

Le 5 septembre, jour des funérailles de M. Gobley, l'Académie de médecine, voulant rendre hommage à sa mémoire et manifester à la fois sa haute estime pour lui et sa reconnaissance pour les services qu'il lui avait rendus comme trésorier, leva sa séance immédiatement après la lecture du procès-verbal.

Le mardi, 3 octobre, M. Chatin, directeur de l'École de pharmacie, président de l'Académie de médecine, prononçait devant cette assemblée l'éloge suivant de M. Gobley :

DISCOURS DE M. CHATIN

Messieurs, l'année 1876 était encore au milieu de sa période, que déjà de nombreux deuils la rendaient tristement mémorable pour notre Compagnie. Lorsque les coups répétés de la mort viennent par une de ces séries de malheurs qui ne sont que trop fréquentes, frapper une famille, le plus récent est celui qui semble le plus cruel, parce qu'il ajoute une douleur nouvelle à des douleurs que le temps n'a pas encore calmées. Il en est ainsi aujourd'hui ; mais la perte que l'Académie de médecine vient de faire ne serait que trop vivement sentie, que trop pénible encore, alors même que nous pourrions effacer pour un instant le souvenir de celles qui l'ont précédée ; car ce n'est pas seulement à nos regrets, c'est aussi à notre reconnaissance que notre cher confrère Gobley s'est acquis d'impérissables droits en se dévouant à remplir comme il l'a fait, d'une façon exemplaire, toujours arrivant le premier à son fauteuil, qu'il quittait le dernier, non-seulement tous ses devoirs académiques, mais encore ses fonctions de trésorier, qu'il a occupées durant plus de dix ans, en nous rendant d'incessants services, inaperçus de beaucoup, parce qu'ils étaient rendus sans le bruit que tant d'autres recherchent.

La position si élevée à laquelle m'ont porté vos bienveillants suffrages, en même temps qu'elle me sollicite au pieux devoir de rendre un dernier hommage à notre regretté confrère, m'eût tout particulièrement permis d'apprécier ses solides mérites, si des relations déjà bien anciennes ne me les avaient révélés, soit durant nos années d'agrégation, soit plus tard à l'Académie et au Conseil d'hygiène.

Pendant qu'il s'occupait avec une sollicitude qui ne s'est jamais démentie des intérêts divers qui lui étaient confiés, M. Gobley trouvait encore le temps de se livrer à des travaux scientifiques importants, à d'utiles observations de pratique professionnelle, et d'écrire des notices, des articles, toujours sérieusement étudiés, dont la liste seule suffirait à donner la mesure de son travail soutenu, de son esprit chercheur et sagace, de ses connaissances aussi profondes que variées.

Mais ce que nous devons surtout apprécier en lui, c'est le sentiment du devoir, qui fut partout et toujours la règle et l'honneur de sa vie.

Je ne veux pas me dispenser, bien qu'ailleurs les travaux de notre confrère doivent être exposés avec tous les développements qu'ils comportent, de rappeler au moins les principales de ses recherches, résumées dans l'ordre de leur publication.

Les travaux scientifiques de notre cher et distingué collègue remplissent sa vie, de 1843 à 1876. Ils commencent au moment où, nommé professeur agrégé à l'École de pharmacie, il prit la résolution, suivie par lui, sans jamais s'en départir, d'associer les travaux scientifiques aux devoirs professionnels. M. Gobley venait de succéder, comme pharmacien, aux savants Demachy, Bouriat et Hernandez; il avait pris une maison importante à la réputation de laquelle il lui était cependant réservé d'ajouter encore. Son premier mémoire nous valut l'*Élaïomètre*, instrument propre à faire reconnaître la pureté des huiles par leur densité; vinrent bientôt après ses importantes *Recherches chimiques sur le jaune d'œuf*, qu'il devait plus tard compléter et qui obtinrent la plus enviable des récompenses : l'insertion au *Recueil des savants étrangers* de l'Académie des sciences (M. Pelouze, rapporteur). Se succédèrent ensuite, à des intervalles presque égaux accusant la régularité du travail, des recherches sur la matière cérébrale, sur les œufs et la laitance de carpe, les matières grasses du sang veineux et de la bile, les champignons vénéneux, l'arsenic, le limaçon des vignes, sur les calculs biliaires, les poteries d'étain et les étamages, sur les principes odorants de la Turquette, du Faham et de la Vanille, travaux qui conduisirent notre savant confrère à la découverte de la vanilline, prise jusque-là avec Bucholz et Vogel pour de la coumarine. Une place spéciale doit être donnée parmi les recherches de M. Gobley à celles qui ont trait au cerveau, et plus particulièrement à la cérébrine, ainsi qu'à la lécithine. Citons encore de notre regretté confrère ses savantes études sur l'urée, l'ergot de seigle, l'état, qu'il reconnut être toujours le même, du phosphore dans les matières grasses des animaux ; la coloration de l'argent par l'albumine, la constitution chimique de la manne, le perchlorure de fer, le tartrate de chaux, les limailles de fer, l'iodo-chlorure de mercure.

Les améliorations réclamées par un certain nombre de médicaments galéniques provoquèrent de bonnes observations sur la distinction des diverses fécules par la vapeur d'iode, sur le cérat opiacé et le cérat laudanisé, les huiles de foie de raie et de morue, les extraits aqueux, les sirops d'armoise composé, de pensée sauvage, de quinquina, de codéine, de ratanhia, de safran, de salsepareille et de pavot, les eaux de laurier-cerise et de feuille d'oranger, sur la pommade d'Helmerich et le foie de soufre, sur les teintures, les potions additionnées de magnésie calcinée.

M. Gobley fit d'ailleurs, en collaboration : avec Poiseuille, des

recherches physiologiques sur l'urée ; avec Soubeiran, l'étude
des extraits préparés dans le vide ; avec M. Chevallier, son maître
et ami, d'intéressants travaux sur l'essai des vinaigres, les sulfates de potasse du commerce, l'arsenic des eaux minérales et
de leurs dépôts, l'iode et le brome des eaux minérales, le dosage
de l'iode dans les huiles de foie de morue.

On doit aussi à M. Gobley une notice sur son prédécesseur
Hernandez, et quelques bons articles de biographie et de dictionnaire.

Le travail soutenu et intelligent de M. Gobley lui donna
d'enviables succès et appela sur lui des honneurs mérités.

Reçu le premier, en 1833, au concours de l'internat en pharmacie, il était licencié ès sciences physiques dès 1835. En
1842 il fut nommé agrégé près l'École de pharmacie. Nous le
trouvons membre de la commission des logements insalubres
en 1852, de la commission d'hygiène du VIIe arrondissement
en 1860, de la commission du Codex en 1861, du Conseil d'hygiène publique en 1868, du conseil de la Société d'encouragement en 1869, de la commission cantonale en 1872. Président
de la Société de pharmacie en 1861, il était correspondant de
l'Académie des sciences de Rouen, du Collége de pharmacie
de Madrid et de Barcelone, etc.

Élu membre de notre compagnie en 1861, il en devint le
trésorier en 1865, et l'on ne sait pas assez tous les services qu'il
a rendus à l'Académie dans cette charge honorable : sans bruit
et sans hâte apparente, M. Gobley était toujours des premiers
arrivés dans les conseils, où jamais il ne cessa de présenter
avec la plus scrupuleuse exactitude les rapports dont il se
trouvait chargé, et dans lesquels je pourrais louer également
et la consciencieuse équité qui ne manquait jamais de
présider à leurs conclusions, et l'élégante clarté qui en distin-
guait constamment la forme.

Chevalier de la Légion d'honneur en 1850, notre distingué

confrère fut promu officier en 1870, sur la demande du conseil
de l'Académie.

Telle a été l'existence honorée et laborieuse de **M. Gobley**.

Notre excellent confrère avait, jeune encore, trouvé dans son
mariage avec la fille de l'éminent chimiste Robiquet, ces douces
joies du foyer sans lesquelles il n'est pas de bonheur pour les
natures affectueuses. Les trois charmantes filles nées de cette
union avaient été très-honorablement mariées, la plus jeune
depuis peu d'années, quand il y a quelques semaines M. Gobley,
tombé sérieusement malade à Bagnères-de-Luchon, appela près
de lui tous ses enfants, qu'unissait une étroite amitié; il voulut
aussi que son médecin et vieil ami, notre cher confrère
M. Delpech, vînt lui donner ses conseils : celui-ci accourut. C'est
alors que dans une excursion à la cascade du Lys, promenade
qu'avait organisée de son lit dans sa tendresse l'infortuné malade, survint une affreuse catastrophe qui lui fut heureusement
cachée pendant les rares jours qui lui furent encore donnés :
l'un de ses gendres affectionnés tomba dans le torrent du **Lys**,
dont les rapides le précipitèrent brisé dans le gouffre de Bon-
néou, sous les yeux mêmes d'une famille impuissante à conjurer
ce malheur qui ne devait, hélas ! pas être le dernier pour elle.

Quelques jours, en effet, s'étaient à peine écoulés depuis
ce terrible accident, que notre cher collègue était ravi par une
pleuro-pneumonie, laissant dans une indicible douleur sa digne
veuve et ses chers enfants.

Je m'arrête, Messieurs, car je n'ai pas le courage de péné-
trer dans cette famille éplorée, dont M. Gobley fut si longtemps
l'âme, l'époux, le père aimé, et qu'il remplit aujourd'hui de
désespoir et de larmes. Que sa consolation, qui est aussi la
nôtre, — l'Académie était elle-même pour celui que nous per-
dons une seconde famille, — soit de proclamer que personne ne
laissera un souvenir plus touchant, une mémoire plus honorée
que notre digne et regretté confrère.

M. LE PROFESSEUR CHEVALLIER

a publié dans le *Répertoire pharmaceutique* la notice biographique suivante
sur M. Gobley

Les sciences, l'hygiène publique et la pharmacie viennent
de faire une perte immense par la mort de M. Gobley, membre
de l'Académie de médecine et du Conseil de salubrité.

La mort de l'ami que j'ai perdu est l'objet des justes regrets
de tous ceux qui l'ont connu, elle a été précédée d'une existence incessante de travail, et c'est à ce travail constant qu'il
a dû sa juste réputation.

Je vais tâcher de retracer la vie de cet homme de bien.

Gobley entra comme élève chez son beau-frère M. Guérin,
qui avait succédé à M. Robiquet, qui, comme on le sait, fut
membre de l'Institut. C'était un élève modèle qui, tout en
remplissant ses devoirs d'élève, consacrait ses loisirs à l'étude
des sciences accessoires à la pharmacie ; aussi, dans un concours pour l'internat en pharmacie dans les hôpitaux, fut-il
nommé en tête de la liste. Gobley interne fut ce qu'il avait été
élève, esclave de ses devoirs. Bachelier ès lettres et ès sciences
physiques, il passa un premier examen de médecine, fut reçu
licencié ès sciences physiques, enfin il se présenta devant
l'École supérieure de pharmacie de Paris, soutint ses examens
et acquit glorieusement le titre de pharmacien.

Possesseur de ce titre, il fit l'acquisition de l'officine qui avait
été exploitée, rue du Bac, par MM. Bouriat et Hernandez ; là,
Gobley se distingua comme il l'aurait fait partout ; sa pharmacie, où il avait été précédé par des hommes de mérite,
prospéra, augmenta de valeur et devint l'une des pharmacies
de Paris qui avaient le plus de réputation ; cette réputation
était due à l'activité de Gobley qui, secondé par l'intelligence

de sa compagne, était partout, voyait et surveillait tout. La réputation de l'honorabilité de Gobley lui attira l'estime de la population, aussi fut-il, d'abord en 1838, nommé commissaire du bureau de bienfaisance du VIIe arrondissement ; en 1844, administrateur de ce bureau. Là il sut encore par son aménité, par sa bienfaisance, par sa charité, s'attirer la reconnaissance des personnes avec lesquelles il se trouva en relation par ses fonctions.

Gobley, en 1842, fut nommé professeur agrégé à l'École de pharmacie. C'est de cette époque (il y a trente ans) que nous nous liâmes d'amitié, professant la pharmacie galénique qui, malheureusement, est délaissée depuis que les pharmaciens ne préparent plus eux-mêmes les médicaments, mais les achètent.

Gobley eut quelquefois l'obligeance de me suppléer, et il le faisait avec une facilité, avec une telle lucidité, qu'il eût été à désirer qu'il fît souvent les leçons.

Dès 1868, Gobley fut membre du Conseil d'hygiène publique et de salubrité du département de la Seine, conseil dont les travaux sont considérables, mais ne sont pas publiés annuellement, ce qui est regrettable, car toutes les questions d'hygiène sont traitées par ce conseil dans lequel règne l'harmonie la plus grande entre tous ses membres, qui remplissent leur devoir avec le plus grand zèle dans un but d'intérêt général.

Gobley était l'un des plus zélés aux séances ; il arrivait des premiers et ne quittait la salle que toutes les affaires pendantes ne fussent expédiées ; il luttait pour l'arrivée au conseil avec deux de ses collègues et amis.

Les rapports confiés à Gobley ne restaient pas dans ses cartons ; il les faisait sans retard, ils étaient clairs et concis, et jamais ils n'ont suscité de discussions contradictoires, comme cela arrive quelquefois.

Gobley par ses aptitudes avait été appelé à remplir d'autres fonctions relatives à l'hygiène publique ; il était membre de la commission des logements insalubres de la ville de Paris, membre de la commission d'hygiène publique et de salubrité du VIIe arrondissement. En 1861, il était président de la Société de pharmacie, membre du conseil de la Société d'encouragement pour l'industrie nationale.

On sait que M. Gobley a fait partie de la commission qui a procédé à la révision du nouveau *Codex de la pharmacopée française;* membre de l'Académie de médecine, il avait su s'attirer l'amitié et l'estime de tous ses collègues, aussi avait-il été investi de la charge de trésorier de cette compagnie; là comme ailleurs il apportait à ses fonctions ce zèle, cette activité, qui se faisaient remarquer dans tous les actes de sa vie.

Gobley était membre titulaire de la Société de pharmacie, de la Société de chimie médicale, de la Société d'encouragement, de la Société d'hydrologie, de la Société de médecine légale; il était en outre correspondant de l'Académie des sciences, belles-lettres et arts de Rouen, des Colléges de pharmacie de Barcelone et de Madrid, des Sociétés de pharmacie des Vosges, de la Haute-Garonne, des Côtes-du-Nord, de l'Ille-et-Vilaine, des Bouches-du-Rhône.

Gobley avait l'apparence d'une constitution délicate et presque faible, mais cette apparence était trompeuse, car dans l'occasion il supportait la fatigue et montrait qu'il y avait chez lui une énergie dont nous avons eu bien des preuves; il était bienveillant et, comme l'a dit un de nos amis communs, Delpech, *il était dévoué à ses amis et manifestait son affection et son dévouement plus par ses actions que par ses paroles.* Je suis garant de ces paroles, et je me souviendrai toujours de la manière obligeante avec laquelle il a agi avec moi en 1874.

Gobley avait épousé l'une des filles de M. Robiquet, l'un de nos maîtres; cette union fut des plus heureuses, il avait rencontré une femme intelligente qui l'avait compris et qui a largement contribué à son bonheur.

Heureuse épouse et excellente mère, elle avait tout lieu de voir ce bonheur se continuer, ses filles avaient été heureusement mariées.

Gobley, de son côté, ne s'occupant plus que de science, était heureux dans son intérieur ; il avait et nous avions l'espérance de le voir rester longtemps avec nous ; très-âgé, je ne pouvais penser que je serais séparé de l'un des hommes pour lequel j'avais l'amitié et le dévouement le plus sincères, l'ami que je retrouvais toujours près d'un autre ami commun aux séances du Conseil de salubrité, mais que pouvons-nous contre les décrets de la Providence !

La dernière fois que je vis ce cher collègue, je me rendais aux eaux de Bourbonne-les-Bains ; c'est là que j'appris par une lettre que Gobley était à Luchon pour sa santé, mais cette lettre ne contenait rien qui pût me donner de l'inquiétude, ce n'est qu'à mon retour qu'on m'apprit les funestes événements qui frappaient M. Gobley et sa famille.

Les restes mortels de Gobley furent ramenés à Paris, et un service funèbre fut célébré à Saint-Thomas d'Aquin, en présence d'une foule nombreuse, parmi laquelle se trouvaient des médecins, des professeurs de l'École de pharmacie, des membres du Conseil de salubrité, de la Société d'encouragement, les rédacteurs du *Journal de pharmacie*, etc. ; la tenue des assistants faisait connaître les regrets qu'inspirait la mort imprévue d'un homme de bien.

L'inhumation de notre collègue a eu lieu au cimetière Montparnasse. M. Delpech a prononcé sur la tombe de notre ami commun un discours dans lequel il faisait connaître son amitié pour le défunt ; ce discours, émané du cœur, a vivement ému les auditeurs.

Une pensée qui pour moi est consolante, c'est que le tombeau de ma famille est dans le même lieu de repos et peu éloigné de celui où reposent les mânes d'un ami avec lequel j'ai vécu trente ans.

Nous terminons cette notice en rappelant que les nombreux mémoires de notre collègue ont été publiés dans les *Annales d'hygiène publique et de médecine légale*, dans le *Journal de pharmacie et de chimie*, dans le *Journal de chimie médicale*, dans les *Actes du congrès médical*, dans les *Comptes rendus de l'Académie*, dans le *Bulletin de l'Académie de médecine*, dans la *Gazette hebdomadaire de médecine et de chirurgie*. Ces publications, au nombre de soixante-sept, démontrent que notre collègue s'est sans cesse occupé de recherches utiles.

Nous devons mentionner en outre les nombreux et consciencieux rapports que M. Goblcy a faits au Conseil de salubrité, à la commission des logements insalubres, à la commission d'hygiène du VIIe arrondissement, enfin des travaux sur la révision du Codex.

Parmi ses travaux nous rappellerons ceux sur l'huile d'olive, sur le vinaigre, sur la résine de jalap, sur la présence d'un sel de plomb dans le papier à filtrer, sur les accidents déterminés par les sulfates de potasse du commerce, sur le sirop de pavot blanc, sur la présence de l'arsenic dans les eaux minérales, sur la recherche de l'iode et du brome dans les eaux minérales et les dépôts qu'elles fournissent, sur les proportions d'iode contenues dans les huiles de foie de morue, sur les champignons vénéneux, sur la poterie d'étain et sur les étamages, sur les eaux distillées de feuilles et de fleurs d'oranger.

TRAVAUX SCIENTIFIQUES DE M. GOBLEY

1843. Sur l'*Elaïomètre*, nouvel instrument d'essai pour les huiles d'olive (*Journal de pharmacie et de chimie*, 1843).

Sur la falsification de la résine de Jalap (*J. de pharm. et de chim.*, 1843).

Essais sur les vinaigres, avec **MM.** Chevallier et Journeil (*Annales d'hygiène*, 1843).

Observations sur les potions avec la magnésie calcinée (*J. de pharm. et de chim.*, 1843).

Sur la présence d'un sel de plomb dans le papier à filtrer (*J. de chimie médicale*, 1843).

1844. Application de l'*Elaïomètre* à l'essai de l'huile d'amandes douces et des huiles médicamenteuses (*J. de pharm. et de chim.*, 1844).

Recherches sur les sulfates de potasse du commerce, avec M. Chevallier (*J. de chimie médicale*, 1844).

Sur le sirop d'armoise composé (*J. de pharm. et de chim.*, 1844).

Distinction des diverses fécules au moyen de la vapeur de l'iode (*J. de pharm. et de chim.*, 1844).

Sur le cérat opiacé et sur le cérat laudanisé (*J. de pharm. et de chim.*, 1844).

Sur le perchlorure de fer (*J. de pharm. et de chim.*, 1844).

Sur le lactate de chaux (*J. de pharm. et de chim.*, 1844).

Observations sur les huiles de foie de raie et de morue (*J. de pharm. et de chim.*, 1844).

Sur la présence du phosphore dans l'huile de foie de raie (*J. de pharm. et de chim.*, 1844).

1845. Rapporteur de la Commission n° 11 au congrès médical, sur les deux questions suivantes : 1° L'exercice de la pharmacie dans les hôpitaux civils offre-t-il toutes les garanties désirables? La position et les devoirs des pharmaciens en chef, des élèves internes et externes dans ces établissements sont-ils déterminés d'une manière convenable? 2° Examiner les relations des pharmaciens avec les dispensaires et les institutions de bienfaisance et de secours mutuels (*Actes du congrès médical de France*, 1845).

1846. Recherches chimiques sur le jaune d'œuf (1er mémoire), insérées dans le *Recueil des Mémoires des savants étrangers*, sur le rapport de MM. Chevreul, Dumas et Pelouze (*J. de pharm. et de chim.*, 1846).

Le Rapport à l'Académie des sciences (*Comptes rendus de l'Académie*, 1846).

1846. Sur les extraits aqueux. Rapport à la Société de pharmacie (*J. de pharm. et de chim.*, 1846.)

1847. Examen des limailles de fer du commerce (*J. de chim. médicale*, 1847).

Sur la pensée sauvage et sur le sirop de pensée sauvage (*J. de pharm. et de chim.*, 1847).

Recherches chimiques sur le jaune d'œuf (2e mémoire). Examen comparatif du jaune d'œuf et de la matière cérébrale (*J. de pharm. et de chim.*, 1847).

Sur le sirop de pavots blancs. Rapport à la Société de pharmacie (*J. de pharm. et de chim.*, 1847).

1848. Recherches sur la présence de l'arsenic dans les eaux
minérales et dans les dépôts qu'elles fournissent, avec
M. Chevallier (*Bull. de l'Acad. de méd.*, 1848, et *J. de
pharm., et de chim.*, 1848).

Recherches de l'iode et du brome dans les eaux minérales, avec M. Chevallier (*J. de chim. médicale*, 1848).

Notice sur Hernandez (*J. de pharm. et de chim.*, 1848).

1849. Sur les feuilles de laurier-cerise (*J. de pharm. et de chim* ,
1849).

1850. Recherches chimiques sur les œufs de carpe (*J. de pharm.
et de chim.*, 1850). Rapport sur ce travail (*Bull. de
l'Acad. de méd.*, 1850).

Recherches sur le principe odorant des feuilles de Faham
(*J. de pharm. et de chim.*, 1850).

Observations sur la cause de la coloration de l'argent par
l'albumine soumise à l'action de la chaleur (*J. de
pharm. et de chim.*, 1850).

Article bibliographique sur le *Traité des falsifications*
de M. Chevallier (*J. de pharm. et de chim.*, 1850).

1851. Recherches chimiques sur la laitance de carpe (*J. de
pharm. et de chim.*, 1851).

Note sur la pommade d'Helméric (*J. de pharm. et de
chim.*, 1851).

Sur les proportions d'iode contenu dans les huiles de
foie de morue du commerce (avec M. Chevallier) (*J.
de chim. médicale*, 1851).

1852. Recherches chimiques sur la matière grasse du sang veineux de l'homme (*J. de pharm. et de chim.*, 1852).
Rapport sur ce mémoire (*Bull. de l'Acad. de méd.*,
1852).

Article bibliographique sur le *Manuel de médecine légale*
de MM. Chaudé et Gaultier de Claubry (*J. de pharm.
et de chim.*, 1852).

Sur les sirops de ratanhia, de safran et de salsepareille.
Rapport à la Société de pharmacie (*J. de pharm. et de
chim.*, 1852).

1853. Sur un nouveau sulfure de potasse concret (*J. de pharm.
et de chim.*, 1853).

Sur les extraits préparés dans le vide (avec M. Soubeiran) (*J. de pharm. et de chim.*, 1853).

Sur le protoiodure de fer et sur la santonine. Rapport à
la Société de pharmacie (*J. de pharm. et de chim.*,
1853).

1854. Observations sur la préparation du perchlorure de fer
pour son emploi dans le traitement des anévrysmes.
(*J. de pharm. et de chim.*, 1854).

1856. Recherches chimiques sur les champignons vénéneux
(1er mémoire) (*J. de pharm. et de chim.*). Rapport sur
ce travail (*Bull. de l'Acad. de méd.*, 1856).

Essai analytique sur le liquide lactiforme de MM. Gau-
din et Choumara (*J. de pharm. et de chim.*, 1856).

Recherches sur la nature chimique et les propriétés des
matières grasses contenues dans la bile (*J. de pharm.
et de chim.*, 1856).

1858. Sur la préparation de l'iodure de chlorure mercureux
(*J. de pharm. et de chim.*, 1858).

Recherches chimiques sur le limaçon de vigne (*J. de
pharm. et de chim.*, 1858).

Recherches sur le principe odorant de la vanille (*J. de pharm. et de chim.*, 1858).

1859. Recherches physiologiques sur l'urée (avec M. le docteur Poiseuille) (*Comptes rendus de l'Acad. des sciences* et *Gazette hebd. de méd. et de chir.*, 1859).

Sur le sirop de codéine (*J. de pharm. et de chim.*, 1859).

1860. Recherches chimiques sur la racine de kawa (Piper methysticum) (*J. de pharm. et de chim.*, 1860).

Sur les teintures. Rapport à la Société de pharmacie (*J. de pharm. et de chim.*, 1860).

1861. Examen chimique d'un calcul biliaire, suivi de considérations sur les différentes phases de sa formation et sur les meilleurs dissolvants des calculs biliaires (*J. de pharm. et de chim.*, 1861).

1862. Rapport sur une question de priorité relative à la découverte du principe cristallin du kawa (*J. de pharm. et de chim.*, 1862).

1863. Sur des contre-étiquettes pharmaceutiques proposées par M. Barbot. Rapport à l'Académie de médecine (*Bull. de l'Acad. de méd.*, 1863).

1865. De l'action de l'huile volatile de térébenthine sur l'opium (*J. de pharm. et de chim.*, 1865).

Examen chimique d'une tumeur extraite de la paupière supérieure (*J. de pharm. et de chim.*, 1865).

1866. Sur les eaux de feuilles et de fleurs d'orangers (*J. de pharm. et de chim.*, 1866).

1868. Sur la constitution chimique de la manne. Rapport à l'Académie de médecine (*Bull. de l'Acad. de méd.*, 1868).

Recherches sur la poterie d'étain et les étamages. Brochure in-8° de 16 pages. Rapport à l'Académie de médecine (*Bull. de l'Acad. de méd.*, 1868).

1869. Recherches de matière médicale. Rapport à la Société de pharmacie (*J. de pharm. et de chim.*, 1868-1869).

1870. De l'action de l'ammoniaque sur la lécithine (*J. de pharm. et de chim.*, 1870).

1873. Sur la conservation du seigle ergoté (*J. de pharm. et de chim.*, 1873).

Sur la préparation du sirop de quinquina (*J. de pharm. et de chim.*, 1873).

1874. Sur la lécithine et la cérébrine (*J. de pharm. et de chim.*, 1874).

Recherches chimiques sur le cerveau (*J. de pharm. et de chim.*, 1874).

Sur la herniarine ou principe odorant de la turquette (*J. de pharm. et de chim.*, 1874).

Article bibliographique sur le *Dictionnaire des falsifications et altérations des aliments et des médicaments*, par L. Soubeiran (*J. de pharm. et de chim.*, 1874).

Article bibliographique sur le *Traité de pharmacie* de Soubeiran et Regnauld (*J. de pharm. et de chim.*, 1874).

1875. Article bibliographique sur le *Dictionnaire des altérations et des falsifications des substances alimentaires et médicamenteuses*, par MM. Chevallier et Baudrimont (*J. de pharm. et de chim.*, 1875).

PARIS. — IMPRIMERIE DE E. MARTINET, RUE MIGNON, 2.

www.ingramcontent.com/pod-product-compliance
Lightning Source LLC
LaVergne TN
LVHW020631180726
843502LV00006B/1968